QUESTIONS PARISIENNES

PAR

Edmond POUTHIER

CONSEILLER D'ARRONDISSEMENT

Ancien Maire adjoint, et Conseiller municipal de Montlhéry (Seine-et-Oise)

CANDIDAT LOCAL

Paris — Avril 1884

PARIS

IMPRIMERIE TOLMER ET Cie

3, RUE MADAME, 3

—

1884

QUESTIONS PARISIENNES

PAR

Edmond POUTHIER

CONSEILLER D'ARRONDISSEMENT

Ancien Maire adjoint, et Conseiller municipal de Montlhéry (Seine-et-Oise)

CANDIDAT LOCAL

Paris — Avril 1884

PARIS

IMPRIMERIE TOLMER ET Ce

3, RUE MADAME, 3

—

1884

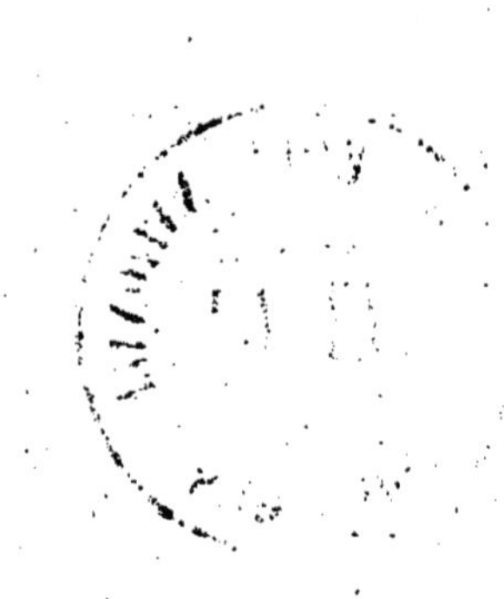

PROFESSION DE FOI

Élections Municipales du 4 Mai 1884

CANDIDATURE LOCALE

du quartier du Montparnasse

Mes chers Concitoyens,

En sollicitant vos suffrages, j'obéis au désir que j'ai de donner satisfaction à la demande d'un grand nombre d'amis et d'électeurs, qui sont venus me prier de poser ma candidature à l'occasion des élections municipales du 4 mai 1884 dans le quartier du Montparnasse.

Aussi, parce que je serais heureux, très heureux de me rendre utile (étant tout à fait indépendant) dans un arrondissement où je suis né, et que j'ai toujours habité.

Un passé laborieux, des convictions républicaines qui ne se sont jamais démenties; l'expérience acquise dans la pratique des affaires et l'exercice des fonctions électives, tels sont mes titres à votre confiance.

Si vous me faites l'honneur de me donner vos suffrages, mes chers Concitoyens, voici les principes qui me serviraient de guide dans l'accomplissement de mon mandat :

La République, pour rester fidèle à ses origines, doit se

montrer résolument démocratique, réformatrice et progressive.

Elle doit garantir à toutes les personnes, à toutes les idées, à tous les intérêts, une somme égale de liberté et de protection.

Elle doit, par une équitable répartition des charges communes, réduites au strict nécessaire par la simplification des rouages administratifs, par des institutions de prévoyance, favoriser le développement des initiatives privées, rendre la vie meilleure, plus facile et plus sûre du lendemain, à tous ceux qui travaillent.

Elle doit enfin, s'inspirant des besoins nouveaux, se prêter à toutes les réformes utiles, réclamées par l'opinion publique.

Ennemi de toute équivoque et de tout malentendu, je déclare que je suis *républicain radical, anti-clérical*.

Je suis partisan de la République avec tous les progrès qu'elle comporte.

Je suis partisan, au point de vue politique :

De l'autonomie communale.

De la revision de la constitution dans un sens démocratique comportant la suppression du Sénat actuel.

De la liberté complète de réunion et d'association.

De la liberté de la presse sans législation spéciale.

De la séparation des Églises et de l'État.

D'une garantie sérieuse de la liberté individuelle.

De l'abrogation de la loi de juillet 1816, sur les bureaux de bienfaisance, parce que cette loi, essentiellement monarchique, met presque exclusivement à la charge du département de la Seine et de la ville de Paris tous les déshérités de la fortune de la plupart des départements.

De la réforme de la procédure, diminution des frais de justice, extension de la compétence des juges de paix.

De la suppression des conseils de prud'hommes, qui

seraint remplacés par les Chambres syndicales ouvrières.

. De l'admission des Chambres syndicales dans les adjudications de travaux publics.

Des travaux de la ville de Paris donnés exclusivement à des entrepreneurs français et avec le plus de divisions possibles.

De continuer sans arrêts la laïcisation des écoles et des hôpitaux.

De la suppression du volontariat.

Du service obligatoire pour tous et réduit à trois ans, c'est-à-dire sans exceptions, pour les congréganistes, instituteurs et autres.

Je suis partisan, au point de vue économique :

De la réforme de l'impôt foncier, de la revision du cadastre.

De l'abolition de tous les privilèges et monopoles.

De la revision de la loi des patentes.

De l'instruction gratuite à tous les degrés après concours, et de l'augmentation du traitement des instituteurs.

D'une caisse de retraite pour la vieillesse.

De l'introduction du travail manuel dans les écoles primaires de garçons et de filles, pour former plus tard, en peu de temps, des ouvriers habiles et largement rétribués, sans nuire à l'industrie nationale.

De l'institution sérieuse d'écoles professionnelles et commerciales.

De la protection efficace des intérêts de nos nationaux sur tous les marchés du Monde.

De la suppression des octrois, remplacés graduellement par un impôt sur le revenu.

J'estime que les questions administratives doivent occuper la plus grande place dans l'esprit d'un conseiller municipal d'une grande ville comme Paris : combien de questions d'une importance capitale, cette assemblée n'est-elle pas appelée à traiter et à résoudre !

· Questions de voirie, de salubrité, d'éclairage, des **égouts**, d'aménagement des eaux, des services médicaux, de l'assistance publique, du mont-de-piété, de l'instruction primaire, de la décoration artistique de la grande cité, de l'entretien des jardins, squares, monuments publics, des moyens de locomotion, voitures, omnibus, tramways, du chemin de fer métropolitain, du tout à l'égout, de la question du gaz, de l'abaissement du tarif des eaux, etc., etc.

Je suis partisan également de la réorganisation du laboratoire municipal qui, jusqu'à ce jour, a fait tant de mal au commerce des vins français à l'intérieur et à l'étranger par la publication maladroite de ses bulletins.

De la création d'un marché à bestiaux avec abattoirs sur la rive gauche.

J'estime que le conseiller municipal doit principalement s'occuper des affaires de la cité qu'il représente.

· Pour les affaires administratives, je crois être compétent, je suis un ancien négociant, un ancien conseiller municipal et maire-adjoint de Montlhéry.

Je suis encore actuellement conseiller d'arrondissement du canton d'Arpajon (Seine-et-Oise).

Il est bien entendu que si vous me faites l'honneur de m'accorder vos suffrages, je donnerai ma démission, étant avant tout partisan de la suppression de tous cumuls.

J'ai satisfait à la loi militaire; j'ai fait la campagne d'Italie; pendant le siège, j'étais capitaine de la 2e compagnie du 46e bataillon de la garde nationale.

Dans ces conditions, je crois, mes chers concitoyens, être assez au courant de la plupart des questions administratives, questions que je vais essayer de traiter dans la brochure que j'ai l'honneur de vous adresser.

Ces questions, qui sont *essentiellement parisiennes et locales*, se divisent en trois parties :

Question des couvents.

» des égouts.

» des cimetières.

J'espère qu'après avoir pris connaissance de ma brochure, vous voudrez bien m'honorer de vos suffrages.

Mais, quoi qu'il advienne, j'aurai la satisfaction intime d'avoir rempli mon devoir envers tous mes concitoyens et envers la République.

Vive la République !

EDMOND **POUTHIER**,

Conseiller d'arrondissement,

14. avenue de l'Observatoire
(quartier du Montparnasse).

Les citoyens soussignés déclarent adopter la **Candidature locale** représentée par le citoyen

EDMOND POUTHIER

Ils déclarent en outre adhérer à son programme politique et économique.

Ils engagent tous les électeurs du quartier du Montparnasse à voter pour le candidat local, étant convaincus que les intérêts du quartier et de l'arrondissement seront mieux défendus par lui, qui y habite, que par les candidats exotiques et intransigeants.

Electeurs, pas d'abstentions, tous au vote le 4 mai.

Vive la République !

MM. Bouhier, faubourg St-Jacques, 37.
Rigaux, faubourg St-Jacques, 17.

Chevalier, faubourg St-Jacques, 17.
Lacquement (A^te), faubourg St-Jacques, 13.
Ducau, faubourg St-Jacques, 35.
Lécuyer, faubourg St-Jacques, 3.
Moine, faubourg St-Jacques, 35.
Part, faubourg St-Jacques, 34.
Bacqué, faubourg St-Jacques, 21.
Gossier, rue Denfert-Rochereau, 82.
Pradon, rue Denfert-Rochereau, 63.
Rousseaux, rue Denfert-Rochereau, 61.
Chevallier, rue Denfert-Rochereau, 63.
Mache, rue Denfert-Rochereau, 84.
Delaze, rue Denfert-Rochereau, 84.
Métaille, rue Denfert-Rochereau, 84.
Oudin, rue Denfert-Rochereau, 84.
A. Kohl, rue Denfert-Rochereau, 84.
Alidierez, rue Denfert-Rochereau, 97.
Gossard, rue Denfert-Rochereau, 94.
Blondeau, rue Denfert-Rochereau, 94.
Commereur, rue Denfert-Rochereau, 74.
Iscard, rue Denfert-Rochereau, 77.
Colzin, rue de Partieux, 17.
Charbonnel, rue Casini, 6.
Berthuy, rue Casini, 1.
Wintheid, rue Denfert-Rochereau, 77.
Gomel, avenue de l'Observatoire, 49.
Richard, avenue de l'Observatoire, 49.
Duccaulx, faubourg Saint-Jacques, 35.
Meunier, faubourg Saint-Jacques, 28.
Lambaux, faubourg Saint-Jacques, 28.
Caruchet, Observatoire.
Buffanoire, place Saint-Jacques, 83.
Leroux, avenue de l'Observatoire, 14.
Fallachon, avenue de l'Observatoire, 14.
Beudelot, boulevard Montparnasse, 152.

Avoie, boulevard Montparnasse, 152.
Lacour, boulevard Montparnasse, 150.
Pigeon, boulevard Montparnasse, 166.
Lagraverand, boulevard Montparnasse, 160.
Legilleur, boulevard Montparnasse, 154.
Guillet, boulevard Montparnasse, 154.
Sainton, boulevard Montparnasse, 112.
Keissen, boulevard Montparnasse, 74.
Fleury, rue Campagne-Première, 5.
J. Martin, rue Campagne-Première, 12.
Jeanroy, boulevard Montparnasse, 146.
Ruel (Etienne), rue Campagne-Première, 7.
Manté, rue Campagne-Première, 21.
Delrieux, rue Campagne-Première, 17.
Noranne, rue Campagne-Première, 9.
Dourdaine, rue Daguerre, 66.
Collot, rue Daguerre, 58.
Noiret, rue Daguerre, 56.
Abadie (Alexandre), rue de la Gaîté, 39.
Abadie (Léon), rue de la Gaîté, 39.
Berdaux, rue de la Gaîté.
Hocheid, avenue du Maine, 35.
Chuffin, avenue du Maine, 85.
Allion, avenue du Maine, 21.
Beusch, avenue du Maine, 23.
Moulin, avenue du Maine, 29.
François, avenue du Maine.
Perrot, chapelier, avenue du Maine, 79.
Noranne, rue du Départ, 9.
Pezout, rue du Départ, 21.
Paulet, rue d'Odessa, 7.
Sudres, rue d'Odessa, 8.
Mentero, rue d'Odessa, 7.
Tétrié, rue d'Odessa, 7.
Petit (Joseph), rue d'Odessa, 12.

Frionnet, rue d'Odessa, 9.
Jousselin, rue d'Odessa, 4.
Billard, boulevard Edgar-Quinet, 66.
Houssin, boulevard Edgar-Quinet, 18.
Bonnard, boulevard d'Enfer, 243.
Rougeri, boulevard d'Enfer, 249.
Papillard, cité d'Enfer, 15.
Chardot, rue Delambre, 23.
Guerlet.
Ledormeux.
Pinpernelle.
Bisteur.
Nief.
Prévost.
A. Malouze.

QUESTIONS PARISIENNES

Les Couvents

De tous les arrondissements de la rive gauche de la Seine, le XIVe est, sans contredit, celui qui se trouve, non le mieux bâti, mais le mieux situé, géographiquement partant, le mieux disposé comme altitude, le plus régulier comme plateau uniforme, le mieux tracé, le mieux aéré et le plus sain, à cause de la direction des vents qui viennent sans cesse renouveler l'air de ses rues.

Enfoncé comme un éperon vers le sud dans la campagne, il ne reçoit que très rarement le vent du nord, et seulement à la saison d'hiver, pendant les grands froids, alors que tous les miasmes de natures différentes sont en partie détruits par la gelée. Il reçoit le premier le vent du sud ainsi que celui du sud-ouest ou de l'ouest, à ce point qu'à la saison des fraises et des violettes, les habitants des avenues d'Orléans et de Châtillon peuvent très bien reconnaître le parfum de ces fleurs et de ces fruits qui sont l'objet d'une grande culture sur les hauteurs de Fontenay-aux-Roses, de Clamart, sur le plateau de Châtillon, Palaiseau, Marcoussi, Montlhéry. Eh bien, malgré tous les avantages que présente cet arrondissement, malgré les moyens de communications faciles qui lui ouvrent des débouchés sur tous les points de la Capitale, malgré les nombreuses lignes d'omnibus qui permettent à ses habitants de se transporter rapidement au centre des affaires commerciales et industrielles, il est, toute proportion gardée, l'un des moins peuplés.

A quoi cela tient-il?

Cela tient aux grandes solitudes qui l'enveloppent et qui en ont fait comme une ville à part. Cet isolement est tel, que les habitants y ont conservé presque intactes les traditions de clocher, à ce point que presque tout le monde se connaît. Les solitudes du XIV⁰ arrondissement sont en majeure partie — après le cimetière du Montparnasse — occupées par les couvents et les communautés religieuses.

Autrefois le Luxembourg était un véritable obstacle à l'expansion de la vie parisienne vers le sud; il semblait qu'au bout de la rue de l'Odéon, de l'autre côté de la rue de Vaugirard, la campagne commençât. Il fallait faire un détour considérable, pour gagner Montrouge. Aussi, malgré de très nombreuses protestations, qui prirent parfois le caractère de manifestations, l'opinion publique eut enfin gain de cause. Le jardin du Luxembourg fut diminué dans une mesure qui n'enlève rien à l a pureté de son dessin et à la magnifique ordonnance de son architecture. Les rues de Médicis, du Luxembourg, de l'Abbé-de-l'Epée, Michelet, Herschell, se trouvèrent tracées comme par enchantement. Une partie de la Pépinière n'était guère utile, pendant la belle saison, qu'à de petits rentiers qui recherchaient un peu de calme. Ces terrains se couvrirent de bâtiments tels que la Clinique d'accouchement, l'Ecole de pharmacie, etc., etc. Les terrains de l'ancien jardin botanique de l'Ecole de Médecine sont occupés actuellement, en bordure de la grande avenue conservée intacte, par d'importantes constructions d'habitation, depuis l'Ecole des Mines jusqu'au carrefour de l'Observatoire. Ce qui était autrefois un véritable désert, et le soir presque un coupe-gorge, est aujourd'hui un centre d'activité qui deviendra prodigieuse le jour où l'on aura élargi et rectifié l'alignement de la rue Denfert-Rochereau au droit de l'hospice des Enfants-Assistés, et fait disparaître par la voie de l'expropriation le couvent du Bon-Pasteur, obstacle au dégagement de l'Observatoire, et le couvent de la Visitation, qui est situé à l'angle de ladite rue et de l'avenue de l'Observatoire.

Le couvent de la Visitation forme, en effet, avec l'hospice des Enfants-Assistés une saillie telle sur la rue Denfert-Rochereau que les tramways sont à chaque instant obligés de s'attendre sur la seule voie réservée à leur ligne en cet endroit, ce qui entrave la circulation des autres voitures et présente un danger continuel pour les piétons ou les habitants de cette partie de la rue. Il arrive tous les jours que des personnes étrangères à l'arrondissement, après avoir franchi le carrefour de l'Observatoire, sont obligées de demander le chemin de Montrouge ou de la gare de Sceaux, car elles n'ont devant elles, formant comme le fond d'une impasse, que le monument de l'Observatoire, monument qui, je l'espère, selon la demande de son directeur, l'amiral Mouchez, disparaîtra pour être reporté ailleurs (1). On ne peut réellement se douter qu'il

---

(1) M. l'amiral Mouchez vient de soumettre à l'Académie des sciences un mémoire sur la nécessité de transférer dans une succursale hors de la ville les principaux services actifs de l'Observatoire de Paris.

Lorsqu'en 1664, Louis XIV fit construire l'Observatoire par Perrault à 2 kilomètres au sud du Luxembourg, la ville ne s'étendait guère au delà de ce palais, et les astronomes de l'époque ne pouvaient désirer une situation plus favorable. Mais, depuis lors, la ville s'étendant dans toutes les directions a complètement enveloppé l'Observatoire de hautes et nombreuses constructions dont l'éclairage au gaz, les fumées, les poussières, les émanations de toutes sortes troublent profondément l'atmosphère autour des instruments; or, les observations atmosphériques exigent absolument des conditions plus parfaites de calme et de pureté atmosphériques.

D'autre part, le voisinage des rues fréquentées et l'existence des catacombes ne donnent pas à l'édifice où sont installés les instruments la stabilité que réclament des observations délicates.

y a là, à deux pas, une des voies de grande communication les plus importantes de la capitale. Cette voie est comme la grande artère méridienne qui, avec l'avenue d'Orléans, les boulevards Saint-Michel, Sébastopol, de Strasbourg, le faubourg Saint-Martin et la rue de Flandre, coupe Paris en deux, du sud au nord.

La rue Denfert-Rochereau est l'une des moins habitées de l'arrondissement. Cinq couvents et communautés religieuses et trois importants établissements la bordent, à droite et à gauche, dans presque tout son parcours. D'abord le long mur de l'institution des Sourds-Muets, puis le couvent des Carmélites, et enfin la Maternité qu'il faudra bien, un jour ou l'autre, se décider à fermer définitivement, et cela non seulement dans l'intérêt du quartier du Montparnasse où elle occupe une trop grande surface, surtout en bordure du boulevard du Port-Royal et de la rue Denfert-Rochereau jusqu'à la rue Cassini, mais aussi dans l'intérêt de ces malheureuses qui vont y mourir de la péritonite et de toutes ces fièvres qui sont devenues endémiques dans les très anciens bâtiments de cet établissement hospitalier. Je dis « très anciens », car la plupart d'entre eux sont les mêmes que ceux qui étaient affectés à l'usage des solitaires de l'Abbaye de Port-Royal, célèbre à la fin du XVIᵉ siècle et au commencement du XVIIᵉ avec les

La solution proposée par le mémoire de M. Mouchez consisterait à construire dans un domaine de l'Etat, près Paris, une succursale, véritable observatoire de premier ordre, qui comprendrait les logements de trente astronomes et employés avec leur famille, toutes les salles des instruments et de service, les salles et une galerie souterraine de 100 mètres de long, un pylone de 100 mètres de haut pour l'étude de l'atmosphère, une usine à gaz, une galerie couverte reliant tous les instruments au logement des astronomes, et enfin la grande coupole pour la lunette de 16 mètres.

La dépense, en y ajoutant le prix des instruments nouveaux et les frais d'installation et de mobilier serait d'environ 2,700,000 francs. Elle pourrait, d'après M. Mouchez, être largement couverte, en aliénant pour des constructions particulières 22,000 mètres de jardin et terrains vagues qui entourent actuellement l'Observatoire.

Antoine Arnault et les Blaise Pascal. Nous retrouvons
encore le couvent de la Visitation, dont je viens de parler,
l'hospice des Enfants-Assistés, celui du Bon Pasteur, con-
sacré comme celui des Dames Saint-Michel, à des filles
repentantes, puis une communauté de jeunes filles aveugles
et enfin, le huitième, l'hospice de Marie-Thérèse, à l'usage
des prêtres âgés ou infirmes et sans fortune. Je pourrais
citer un grand nombre d'autres rues du XIVᵉ arrondissement, principalement des quartiers du Montparnasse et de
Notre-Dame-des-Champs dans le VIᵉ arrondissement, entre
autres les rues du faubourg Saint-Jacques, Méchain, Cassini, de la Santé, de Notre-Dame-des-Champs, Bara, etc.,
qui, comme la rue Denfert-Rochereau, sont occupées en
bordure par des établissements analogues qui, non seulement retirent toute apparence de vie à un quartier, mais
éloignent tout genre de commerce nécessaire à l'alimen-
tation des rares habitants que le hasard ou des circons-
tances déterminées ont amenés dans ces endroits presque
perdus ou oubliés.

Ces établissements ne s'alimentent pas autour d'eux,
chez les détaillants du voisinage; c'est à la halle ou dans
les grandes maisons qu'ils vont s'approvisionner.

On comprend très bien qu'au temps jadis, les communautés religieuses et les couvents, voulant pratiquer
dans l'ombre et le mystère, se soient portés dans la campagne, loin du bruit, loin du monde, loin des routes
passagères; mais leur raison d'être, ou mieux leur apparence de raison d'être, dans un temps où Paris se trou-
vait condensé sur les bords de la Seine, n'existe plus
aujourd'hui, qu'ils sont englobés de toutes parts par des
quartiers qui les étouffent, en même temps qu'ils sont
gênés eux-mêmes dans leur expansion. Il en est de même
du faubourg Saint-Germain. Nobles, nonnes et moines
avaient choisi de préférence, pour s'installer, le sud de
Paris; c'était d'abord plus sain et ensuite meilleur comme

terrain de culture. Le nord, ayant moins d'attrait que le sud, avait été laissé en partage à la roture, au petit commerçant, à cette inoffensive et naïve bourgeoisie qui ne grondait pas encore, à ces petits partisans et industriels qui travaillaient, produisaient et apportaient la vie là où les autres n'apportaient que l'idée religieuse, l'idée contemplative, l'oisiveté et la mort! Que devait-il en résulter? C'est que, contrairement à toute attente, là où Paris semblait avoir le moins de tendances à se développer, on vit s'élever un grand nombre de constructions, des voies commerçantes et industrielles. L'extension fut surtout prodigieuse après le triomphe de cette petite bourgeoisie si dédaignée. Les grands boulevards furent dépassés. Paris déborda. Les faubourgs Saint-Denis, Saint-Martin, du Temple, Montmartre furent pris d'assaut. Les anciens boulevards extérieurs furent franchis à leur tour, comme l'avaient été ceux que nous appelons les grands boulevards. Les Batignolles, la Villette, Belleville, Ménilmontant, de bourgades qu'ils étaient, devinrent bientôt de grandes villes, bâties cependant sur des terrains montueux et mal disposés.

Notre pauvre rive gauche, qui cependant avait droit à moins d'abandon, resta silencieuse et comme étrangère au bourdonnement et au bruit de la grande cité.

Opposons le boulevard Montmartre, le boulevard Poissonnière au boulevard des Invalides et au boulevard Montparnasse; nous serons dans la nécessité de reconnaître que l'axe de la capitale s'est singulièrement déplacé. De l'île de la Cité, il s'est porté à la place de la Bourse. C'est là qu'est le centre des affaires; c'est tout autour que s'est groupé tout ce qu'une cité ardente et travailleuse peut désirer, peut rêver de distractions et de plaisirs divers, après les journées d'un labeur perpétuel. C'est tout autour que se trouvent ces grands établissements, ces immenses hôtels où tous les étrangers viennent affluer;

c'est tout autour qu'avec le Grand-Opéra, l'Opéra-Comique, nous voyons la Comédie-Française, le Gymnase, le Vaudeville, le Palais-Royal et les Variétés.

Et nous, qu'avons-nous en fait de théâtre sur la rive gauche ? Nous avons l'Odéon, hélas ! qui languit à force de subvention.

Aux Batignolles, à Montmartre, à Belleville, opposons Montrouge, Vaugirard, la Butte aux Cailles, les Deux-Moulins ; la comparaison sera plus saisissante et plus navrante encore.

Je répète donc, — et je crois l'avoir bien démontré, — que sur un grand nombre de points de notre rive gauche, et particulièrement de notre XIVe arrondissement, l'existence encombrante des couvents, des communautés religieuses et des hospices est la cause, l'unique cause de l'état de marasme dans lequel sont plongés et végètent nos arrondissements excentriques du sud de Paris.

Je répète qu'il faut faire disparaître au plus vite, mais par la voie d'expropriation, ces établissements qui n'ont plus leur raison d'être, dans nos murs, au milieu de nos populations.

Cela peut certainement se faire sans grever d'une manière sensible le budget extraordinaire de la Ville de Paris.

Le XIVe arrondissement mesure une surface de 464 hectares.

En comparant cette superficie à celles des autres arrondissements, il est le huitième comme étendue, et il n'arrive que le quatorzième comme population. Au dernier recensement, cette population était de 91,713 habitants.

L'importance du XIVe arrondissement est donc en raison inverse de la surface qu'il occupe.

Sa situation, son altitude, le tracé et la direction de ses rues et grandes voies de communications devraient en faire l'un des arrondissements les plus peuplés de Paris. Il l'est un des moins.

Sur ces 464 hectares, 200, tout au plus, sont bâtis. Le reste, c'est-à-dire les 264 autres, sont occupés par les établissements hospitaliers, la Maternité, l'hôpital Cochin, l'hôpital du Midi, l'hospice des Enfants-Assistés, par l'Observatoire, dont on a prolongé le jardin jusqu'au boulevard Arago (1), par le cimetière du Montparnasse, la prison de la Santé, la gare de Sceaux, l'hospice de la Rochefoucauld, l'asile Sainte-Anne, les réservoirs de la Vanne, le square Montsouris, l'immense champ de course et de manœuvre de l'École de dressage, enfin par une quinzaine de communautés religieuses et de couvents qui, au lieu d'appeler la vie et le commerce, paralysent les affaires et empêchent toute activité dans les quartiers où ils sont placés. Tout groupe de maisons fait vivre autour de lui, témoin la nouvelle rue Delots, avenue d'Orléans. Les couvents et les communautés religieuses apportent le vide et la mort autour d'eux.

En demandant que la Maternité, l'hôpital Cochin, l'hôpital du Midi, l'hôpital des Enfants-Assistés — qui est un foyer de croup qui porte la mort autour de lui dans le quartier Montparnasse, — soient portés plus vers le sud, dans la campagne, sur des plateaux bien sains et bien aérés, c'est, je crois, justice et de toute nécessité. Dans un autre ordre d'idées, il est aussi de toute nécessité de supprimer par la voie de l'expropriation totale ou partielle, c'est-à-dire en bordure des rues et boulevards, les couvents et communautés religieuses qui isolent les quartiers les uns des autres, dont ils arrêtent ainsi

---

(1) Il y aurait, je crois, une chose à faire ; c'est de percer de chaque côté de ce monument de larges voies de dégagement qui ne nuiraient en rien au travail des astronomes, ou de le déplacer en faisant continuer l'Avenue de l'Observatoire jusqu'au boulevard Arago.

l'expansion, et au milieu desquels, en même temps, ils étouffent eux-mêmes de plus en plus.

J'ai dit : *par la voie de l'expropriation*, c'est-à-dire par application des lois du 16 septembre 1807, du 3 mars 1841 et du décret du 26 mars 1852, parce que, bien que j'admette difficilement que des hommes et des femmes se cloîtrent et se figent, pour ainsi dire, dans une existence toute de prière et de recueillement, je suis néanmoins pour le respect de toutes les croyances et du droit de propriété sous quelque forme qu'il se manifeste.

Ces réguliers et ces régulières y trouveraient leur compte. Plus à l'aise dans des endroits solitaires pour les pratiques de leur dévotion, ils ne seraient point obligés, comme ils le sont aujourd'hui, de s'enfermer derrière de hautes murailles afin de mieux se dérober aux regards indiscrets.

Y a-t-il quelque chose de plus triste comme aspect, sur notre pauvre rive gauche, que ces rues Lhomond, d'Ulm, de Notre-Dame-des-Champs, Denfert-Rochereau, du Val-de-Grâce, de la Santé, Méchain, Cassini, faubourg Saint-Jacques, boulevard du Port-Royal, boulevard Arago, où ces couvents et ces communautés pullulent? Partout des murs qui n'en finissent pas, des façades sombres de bâtiments fermés et verrouillés. Le tintement maladif des cloches indique seul, le soir, qu'il y a, dans ces immenses sépulcres, des êtres humains qui ne semblent voir dans la mort qu'une délivrance, que le but réel d'une existence qu'ils ont la prétention de vouloir consacrer à cette fiction qu'ils appellent la vie future et qu'ils nous affirment devoir être éternelle !!!

Parmi les rues que je viens de citer, celle du faubourg Saint-Jacques, depuis l'hôpital Cochin jusqu'au boulevard Arago, offre cette particularité; elle est encaissée d'une part par les murs de soutènement du couvent des Dames de Saint-Joseph de Cluny, et d'autre part, par le mur de soutènement démesurément élevé des jardins de l'Observatoire. Croyez-vous que cet état de choses puisse donner de la vie à cette rue? Puis ne pourrait-on pas élargir la rue Cassini par droit de voirie pour le passage des voitures, par l'expropriation des deux communautés qui occupent toute la longueur de cette rue du côté sud?

Je sais bien que l'expropriation en bloc de tous les couvents et communautés religieuses de Paris pourrait engager trop avant les finances de la Ville. Cependant, en y réfléchissant, il est permis d'admettre que ces expropriations seraient moins onéreuses qu'on ne le suppose *à priori*. En effet, de quoi est composée la valeur foncière de ces établissements? De terrains, pour les neuf dixièmes au moins; l'autre dixième représente des constructions légères, c'est-à-dire sans grande valeur. L'acquisition pourrait donc se faire dans les conditions prévues par les lois et décrets, attendu qu'il n'y aurait à indemniser ni des locataires à bail, ni des commerçants, ni des industriels.

Il est vrai que les textes des lois du 16 septembre 1807, du 3 mai 1841 et du décret-loi du 26 mars 1852, disposent que l'expropriation en bloc ou partielle de bâtiments ou de terrains quelconques ne peut être faite qu'en vue de l'ouverture de voies nouvelles, de la fermeture de celles mesurant de trente pieds (10 mètres) de large (Ordonnance Royale du 10 avril 1837 et art. 2 du décret-loi du 26 mars 1852), de la création de squares ou de places publiques, de reculement ou redressement de l'alignement des voies anciennes ; qu'il faudrait, dans ce cas, ouvrir des voies nouvelles pour avoir le droit d'acquérir en dehors des alignements, et que, dès lors, la nécessité d'exproprier la totalité s'imposerait à l'administration. Eh bien ! mais s'il le fallait, devrait-on reculer devant des dépenses de cette nature, alors que ces dépenses sont devenues en quelque sorte obligatoires, depuis surtout que la question des loyers à bon marché est à l'ordre du jour ? Devrait-on hésiter quand l'intérêt du plus grand nombre est engagé ? Il faut résoudre la question et ne pas la remettre plus longtemps.

Nous sommes arrivés à une époque de sacrifices. Il ne s'agit pas seulement de donner l'enseignement gratuit à tous les degrés ; cela est, dans l'histoire ancienne, une vérité passée à l'état de dogme. Il faut aussi compter avec les besoins de la vie. Le nombre de ceux qui se débattent au milieu d'une existence difficile est considérable. Il faut, qu'avant peu, ces derniers et les leurs puissent se loger, non plus dans des taudis, pêle-mêle les uns sur les autres, mais dans des logements établis en conformité des prescriptions de l'hygiène et des règlements de voirie. Il faut que les enfants qui, le jour, ont l'air et le soleil dans les belles écoles construites à leur intention sur tous les points de la capitale, il faut, dis-je, que les bienfaits du jour ne soient pas compromis par le séjour pendant la nuit, où la vie physiologique seule est en jeu, au milieu de logements mal aérés, humides, où les enfants contractent de bonne heure les germes des maladies qui les enlèveront trop vite à ceux qui les aiment et qui basaient sur eux tous leurs projets d'avenir. De l'air, de la lumière pour tous, c'est de toute justice, tous les moyens doivent être employés pour atteindre ce but.

Les couvents et communautés religieuses occupent, dans Paris seulement, une surface qui peut être évaluée à 400 hectares au moins !

N'y-a-t-il point, dans cette occupation, de quoi fixer l'attention de nos édiles et de nos administrateurs parisiens ? Nous sommes à la recherche de terrains pour y construire des logements à bon marché... Mais n'avons-nous pas ceux des couvents et communautés religieuses, faciles et peu coûteux à acquérir ? Ces terrains ne sont-ils pas tout trouvés et dans des conditions exceptionnelles ?

En procédant ainsi aucun intérêt ne serait lésé. Les religieux et religieuses de tous ordres porteraient leurs prières dans la campagne. Un pas en avant serait fait dans la question sociale, cette question si pleine d'imprévu à l'heure actuelle et si grosse d'événements dans un avenir peu éloigné.

Dans le cas où l'administration municipale de la ville de Paris ne voudrait ou ne pourrait pas procéder directement par elle-même à ces expropriations, l'Etat ne pourrait-il pas substituer à la ville des capitalistes entrepreneurs qui exproprieraient pour leur compte, sous certaines réserves à eux imposées, tant pour les constructions que pour le prix des locations?

Une grave dérogation à l'esprit de la loi du 3 mai 1841, en vertu de laquelle l'expropriation ne peut se faire que dans un but, non de nécessité comme il est dit dans la loi de 1807, mais seulement d'utilité publique, a été commise par la loi du 24 juillet 1873, à l'occasion de la construction de l'église du Sacré-Cœur sur la butte Montmartre.

L'art. 3 de cette loi dit :

« L'archevêque de Paris, tant en son nom qu'au nom
« de ses successeurs, est substitué aux droits et obliga-
« tions de l'administration, conformément à l'art. 63 de
« la loi du 3 mai 1841, et autorisé à acquérir le terrain
« nécessaire à la construction de l'église et à ses dépen-
« dances, soit à l'amiable, soit, s'il y a lieu, par la voie
« de l'expropriation. »

L'archevêque de Paris et ses successeurs sont donc devenus, aux termes de cette loi, des expropriants munis en quelque sorte de lettres patentes.

Dès lors, pourquoi n'étendrait-on pas *dans un but autrement utile* que celui de la construction d'une église, quand il y en a déjà tant, pourquoi n'étendrait-on pas à des capitalistes entrepreneurs ces droits si facilement concédés à l'archevêque de Paris et à ses successeurs, alors qu'il s'agit ici de la question si palpitante des logements à bon marché?

Cette loi a pu être utile au gouvernement de l'ordre moral, à une époque où la République n'existait que de nom. Aujourd'hui qu'elle existe de fait, cette République, et dans un but véritablement démocratique, c'est-à-dire de prévoyance pour l'enfant et pour tous les vieux travailleurs, reprenons à son profit cette loi que nous avons combattue; tirons-en tout le bénéfice qu'il est permis d'en attendre dans l'intérêt de la question des logements à bon marché.

Je crois qu'il est temps de passer des paroles et des discours à l'action. Il ne faut pas s'attarder davantage au milieu d'interpellations passionnées qui n'aboutissent qu'à faire du bruit et à faire décrier le conseil municipal qui a fait pourtant de belles et grandes choses pour l'instruction. Il faut qu'il arrive à contenter sérieusement ceux qui attendent de la République l'exécution de promesses toujours faites et jamais réalisées.

Je dois ajouter que je suis très étonné que le représentant actuel au conseil municipal pour le quartier Montparnasse n'ait pas pu faire donner au moins une demi-satisfaction à des réclamations si légitimes. Cela tient probablement à ce qu'il n'habite pas l'arrondissement, qu'il n'y a aucuns intérêts, et que, par ce fait, il est très rarement en rapport avec ses électeurs.

QUESTIONS PARISIENNES

Les Égouts dans le XIVe arrondissement en général
Les Égouts dans le quartier Montparnasse

Les propriétaires, les commerçants et les locataires se plaignent — et leurs plaintes ne ne sont que trop fondées, — du système défectueux des égouts dans le quartier Montparnasse et le XIVe arrondissement.

Le boulevard Montparnasse, l'avenue de l'Observatoire, la rue Campagne-Première, la rue Boulard, une grande partie de la rue Brézin, et beaucoup d'autres qu'il serait trop long de nommer, n'ont pas d'égouts.

Il eût été pourtant bien facile à l'administration municipale de la Ville de Paris de relier, par un branchement de quelques centaines de mètres, l'égout de la rue Denfert-Rochereau à l'égout collecteur du boulevard Saint-Michel. Ce branchement eût reçu les eaux pluviales et ménagères de cette partie du carrefour et de l'avenue de l'Observatoire.

Dans l'état actuel, ces eaux, avant d'être déversées dans les égouts qui vont rejoindre le collecteur de la rue Vanneau, sont obligées de suivre l'avenue de l'Observatoire, le boulevard Montparnasse, aux eaux duquel elles s'ajoutent, et rendent ainsi de plus en plus urgente la construction d'un égout sur ce boulevard et sur l'avenue de l'Observatoire (partie ouest).

Mais, avant d'entrer dans des détails, permettez-moi de vous dire quelques mots sur le système actuel des égouts parisiens, sur ce qui a été fait et sur ce qui reste encore à faire. Cette halte ne sera pas, je crois, sans intérêt.

Paris a aujourd'hui (1884) 870 kilomètres de rues qui nécessiteront un développement total d'environ 1,309,700 mètres d'égouts. Sur ces 1,309,700 mètres, 620 kilomètres environ sont construits; pour terminer le réseau d'égouts, il reste donc à construire 420 kilomètres environ, y compris les grandes artères — collecteurs et sous-collecteurs, — qui divisent la capitale en cinq grands bassins et qui mettront désormais ses rues à l'abri des inondations.

L'œuvre remarquable, commencée il y a vingt-cinq ans sous la direction de M. Belgrand, n'est pas complète, tant s'en faut! C'est d'autant plus regrettable que des hommes compétents reconnaissent qu'il serait possible de doter d'égouts toutes nos voies sans exception, et cela sans accroître les charges ordinaires du budget. Il importe donc que, dans un avenir peu éloigné, Paris soit débarrassé de tous les liquides impurs qui séjournent dans ses ruisseaux, et aussi de toutes les eaux pluviales qui tombent sur son sol.

De toutes les grandes voies qui sillonnent la rive gauche, le boulevard Montparnasse est, sinon la plus importante, du moins l'une des plus importantes. Par l'intermédiaire du boulevard du Port-Royal et du boulevard Saint-Marcel, il met en communication des quartiers nouveaux, construits au milieu d'autres très populeux, avec les quartiers Montparnasse, de Vaugirard, des Invalides et de Chaillot.

Le boulevard Montparnasse est, à l'égal du boulevard

Saint-Michel qu'il croise à angle droit à son extrémité, une voie de transit de premier ordre; il est aussi bien bâti et est incessamment parcouru dans tous les sens par les voitures, les cavaliers et les piétons.

Et cependant ce boulevard n'a pas d'égout!

Il est assez difficile d'admettre que le directeur des travaux de Paris ait oublié de doter cette voie d'un double égout, comme cela se fait pour les voies d'une largeur de 20 mètres et plus.

Les quatre ruisseaux qui bordent ses trottoirs, deux sur le VIe, et deux sur le XIVe et XVe arrondissement, vont, après un parcours de 500 mètres, et plus, à partir du carrefour de l'Observatoire, déverser les eaux pluviales et ménagères qu'ils charrient, ceux du VIe arrondissement par la rue de Chevreuse, dans la rue Notre-Dame-des-Champs, ceux du XIVe arrondissement dans l'égout du boulevard d'Enfer.

Les deux ruisseaux de la partie du boulevard Montparnasse qui limite le XIVe arrondissement, offrent cette particularité; l'administration leur fait traverser la rue Campagne-Première, non dans un caniveau recouvert comme cela se voit dans les localités de la banlieue, mais en plein air, en plein soleil, l'été, au milieu de pavés ravinés, plus ou moins enfoncés, sur lesquels et autour desquels séjournent les eaux de provenances ménagères.

L'époque des chaleurs ne rend que plus incommode et plus dangereux encore ce système déjà si défectueux de l'écoulement de ces eaux ménagères à l'égout.

Je me demande comment le boulevard Montparnasse a pu être l'objet d'un pareil oubli de la part d'une administration qui se montre cependant si soucieuse de tout ce qui touche à la salubrité et à l'agencement de nos voies et de nos places publiques.

J'insiste d'autant plus sur ce point qu'il était facile à l'administration, sans grande augmentation de ses dépenses de construction lorsqu'elle a établi à *grands frais* le collecteur de la Chaussée du Maine, de donner satisfaction aux propriétaires, commerçants et locataires riverains du boulevard Montparnasse, en leur accordant un égout, comme l'ont ceux de toutes les grandes voies.

On sait que l'égout collecteur de l'avenue du Maine part des fortifications (porte de Châtillon), suit l'avenue de Châtillon, l'avenue du Maine, gagne l'extrémité du boulevard Montparnasse en face la rue de Vaugirard, le boulevard des Invalides, les avenues Duquesne et Bosquet pour aboutir devant le pont de l'Alma, où il se jette dans le collecteur général de la Bièvre, lequel passe en siphon sous la Seine.

La longueur totale de ce collecteur étant de 5,830 mètres, une dépense relativement insignifiante aurait donc permis, à la même époque, l'établissement à droite et à gauche du boulevard Montparnasse, depuis le carrefour de l'Observatoire jusqu'à l'avenue du Maine, de deux égouts, type n° 12, dans lesquels les branchements des maisons en bordure auraient permis le déversement des eaux ménagères et autres, au lieu d'être, comme à présent, jetées sur la voie publique.

Cette situation est très préjudiciable pour ces grandes voies du XIVe arrondissement; il est donc indispensable de la signaler à la direction des travaux de Paris. Que le Conseil municipal s'occupe moins de politique et beaucoup plus des intérêts généraux de la Ville; cette lacune des égouts sera bientôt comblée.

Quoi qu'il en soit, en attendant l'exécution de ce travail urgent, je ne cesserai de réclamer, soit avec la parole, soit avec la plume, pour le boulevard Montparnasse et pour les quartiers qu'il délimite, l'achèvement toujours promis et toujours remis de cette partie du réseau des égouts parisiens.

Il y a là une question d'hygiène publique, une question

d'intérêt général qu'il ne faut pas perdre de vue. Il y a urgence. Il ne faut pas laisser plus longtemps le boulevard Montparnasse et l'avenue de l'Observatoire dépourvus d'égouts sur un parcours de plus d'un kilomètre.

Si vous me faites l'honneur de me confier le mandat de vous représenter au Conseil municipal de Paris, soyez assurés que, tout en tenant ferme et haut le principe de la République, tous mes efforts tendront à faire prévaloir des réclamations aussi justes et aussi urgentes.

QUESTIONS PARISIENNES

Les Cimetières

Le nouveau conseil municipal, qui sera élu le 4 mai 1884, fera-t-il comme ceux qui l'ont précédé depuis 1871, ou bien abordera-t-il résolûment l'étude des transformations administratives et des grandes réformes que réclament impérieusement l'hygiène et la viabilité ?

Élargir, redresser, développer la voirie parisienne, fixer les alignements, résoudre la question toujours pendante des cimetières, et comme conséquence, déterminer la zone qui doit être frappée de la servitude *non œdificandi*, etc.., ne sont-ce pas là des matières de première importance, qui auraient dû être depuis longtemps la constante préoccupation et le but de l'activité de nos représentants au conseil municipal de la ville de Paris ?

Il ne faut pas désespérer et encore moins se décourager, bien qu'on soit tenté de le faire en tirant du passé des augures peu favorables pour l'avenir.

Disons-le avec franchise, la politique préoccupe trop les membres de notre conseil municipal ; nous ne pouvons pas malheureusement compter encore sur une majorité qui se dévoue entièrement aux intérêts locaux et généraux de notre cité, tout en restant attachée aux idées franchement républicaines.

Je sais bien que dans ces derniers temps nos édiles se sont plus ou moins passionnés pour la question du Gaz, question actuellement jugée par le Conseil d'État. C'est une question à reprendre, car la ville de Paris a le devoir d'arriver à une diminution, l'opinion publique l'exige. Il n'en est pas de même de la question si importante, toujours posée et non encore résolue des cimetières parisiens.

Raoul de Presle, dans sa description de Paris sous Charles V, s'exprime ainsi : « Anciennement l'on faisoit et les boucheries et les cimetières tous hors les cités, pour les punaisies et pour les corruptions es-chevriers. »

Aussi, à son origine, le plus ancien des cimetières parisiens et le plus considérable, le cimetière des Innocents, qui servait de sépulture à plus de vingt paroisses et recevait plus de trois mille corps par an, était-il situé hors de Paris.

Il se trouva englobé plus tard, ainsi que dix-sept autres cimetières, à l'époque de l'extension de Paris, sous Philippe-Auguste, en l'an 1209, tout comme en 1860, se trouvèrent annexés onze cimetières affectés aux inhumations des communes suburbaines.

Les trois plus considérables des cimetières annexés à la ville de Paris, celui du Père-Lachaise ou de l'Est, celui de Montmartre ou du Nord et celui du Montparnasse ou du Sud, se trouvèrent encore, comme celui des Innocents en 1209, en contravention flagrante avec les édits, les ordonnances et les lois.

Les cimetières récemment créés de Saint-Ouen et d'Ivry étaient les seuls qui, à partir du 1er janvier 1860, ne constituassent pas une dérogation à la loi organique du 23 prairial an XII, dérogation il est vrai mitigée par l'art. 10 de la loi du 16 juin 1859, relative à l'annexion, *mais à titre purement transitoire*, ce qu'on ne dit pas assez.

L'article 1er du titre I de la loi du 23 prairial an XII porte :

« Aucune inhumation n'aura lieu dans les églises, temples, synagogues, hôpitaux, chapelles publiques et généralement dans aucun des édifices où les citoyens se réunissent pour la célébration de leur culte, *ni dans l'enceinte des villes et bourgs.* »

L'article 2 s'exprime ainsi :

« Il y aura hors de chacune de ces villes ou bourgs, à la distance de 35 ou 40 mètres au moins de leur enceinte, des terrains spécialement consacrés à l'inhumation des morts. »

Il est possible d'admettre que l'administration municipale, prise au dépourvu au moment de l'extension inattendue des limites de Paris, en 1860, se soit trouvée dans la nécessité de se servir des anciens cimetières et de ceux nouvellement annexés, pour le besoin de ses inhumations; mais il y a *vingt-quatre ans de cela.* L'établissement et l'agrandissement successifs des cimetières de Saint-Ouen et d'Ivry n'ont été et ne sont que des palliatifs tout à fait insuffisants.

Le projet de M. Haussmann, la création d'une grande nécropole à Méry-sur-Oise avec chemin de fer, projet repris par M. Alphand, directeur des travaux de Paris, ce grand projet, dis-je, ne résolvait pas la question.

Les terrains étaient achetés, c'était en quelque sorte le fait accompli, la carte forcée, comme tout ce qui se faisait sous l'Empire; mais on avait compté sans les résistances de la population; puis les années terribles de 1870-1871 vinrent imposer un temps d'arrêt dans l'exécution du projet de M. Haussmann.

Le culte des morts, cette religion du souvenir si chère aux Parisiens, leur a donné l'habitude d'avoir les leurs reposant à une distance facile à franchir, au lieu de les avoir ensevelis loin, bien loin de la capitale.

Je sais bien que la distance à parcourir pour se rendre aux cimetères d'Ivry et de Saint-Ouen est relativement grande; mais on peut y aller à pied, en se promenant, sans être obligé de prendre le train, comme il le faudrait faire pour se rendre aux communes de Méry-sur-Oise, Frépillon et Bessancourt. Vous voyez-vous obligés d'aller plus loin que Pontoise!

Pour moi, je suis contre ce projet; il ne manque pas de vastes terrains autour et près de Paris où l'on puisse établir une vaste nécropole. Enfin pourquoi n'autoriserait-on pas la crémation? Ce serait, je crois, le seul et unique moyen d'éviter toutes les plaintes et de satisfaire l'opinion publique au point de vue de la viabilité et de la salubrité.

Aujourd'hui on n'accorde que des concessions perpétuelles dans les cimetières de Montmartre, du Père-Lachaise et du Montparnasse.

C'est cet état de choses encore existant, que je vais examiner au point de vue de la circulation, pour laquelle le cimetière du Montparnasse, plus particulièrement est une entrave dans le XIVe arrondissement. Ce cimetière est cause que le quartier Montparnasse est et sera toujours le plus déshérité des quatre quartiers de notre arrondissement. N'est-il point désirable, nécessaire même, de sortir d'une situation si anormale, d'apporter au mal quelque remède? Les habitants de Plaisance, de l'avenue du Maine sont obligés de faire un grand détour matin et soir, pour aller et revenir de leurs travaux du côté du Luxembourg.

En 1824, époque de son ouverture, le cimetière Montparnasse n'avait que le tiers de la superficie qu'il occupe aujourd'hui. De nombreuses plaintes furent adressées au préfet de la Seine, sur les difficultés de la circulation du soir et du matin dont je viens de parler, mais ces plaintes restèrent longtemps sans effet.

Ce ne fut qu'après bien des démarches de quelques conseillers municipaux, que l'administration consentit à ouvrir, pendant le jour seulement, et rien que pour les piétons, une sente (et quelle sente!) à travers les terrains du cimetière israëlite.

Il est vrai que cette sente doit précéder de bien près, dit-on, l'ouverture d'une voie tracée au moyen de jalons et large de 12 mètres, qui reliera la rue du Champ-d'Asile à une autre porte placée au coin du boulevard d'Enfer et du boulevard Edgar-Quinet; mais cette voie ne sera ouverte que dans le jour; il est indispensable que la circulation y soit continuelle pour les piétons et les voitures.

Je sais bien que plus tard ladite voie ne sera que le prolongement de la rue des Plantes, comme l'indique le projet; mais quand ce prolongement sera-t-il un fait accompli?

Donner satisfaction comme on l'a fait jusqu'à présent à des réclamations si justifiées, ce n'est pas résoudre une question, c'est la poser avec plus de force et plus d'urgence que jamais.

Il est une chose que je comprends difficilement, c'est que les conseillers municipaux du XIVe arrondissement ne se soient pas pénétrés de l'importance qu'il y a pour une population aussi laborieuse et aussi nombreuse que celle des quartiers de Plaisance et du Montparnasse, à ne pas perdre soir et matin vingt minutes de temps, quand on part avant le jour l'hiver et quand on rentre le soir plus ou moins brisé par les travaux de la journée.

La démocratie ne se grave pas seulement en lettres d'or au frontispice des monuments, elle doit tous les jours se prouver en actes utiles à l'intérêt du plus grand nombre, de la part d'une administration vraiment républicaine.

Il faut bien le dire, l'administration de la ville de Paris ne s'occupe guère des pauvres arrondissements de la rive gauche, principalement des XIIIe, XIVe et XVe où une énorme quantité de travailleurs sont obligés de vivre dans des logements sans air et insalubres, et cela, parce que l'administration ne veut faire aucu e expropriation ni aucun percement de rue dans ces quartiers déshérités.

Pourquoi permet-on à l'Assistance publique de laisser ses terrains sans clôture, ou de laisser crouler ces clôtures, même les maisons, comme cela a lieu au coin de la rue du Champ-d'Asile et de l'avenue du Maine où les vagabonds et les malfaiteurs y ont installé leur domicile ; ce qui est un danger pour le quartier.

Pourquoi ne pas demander par voie d'expropriation au couvent de la Visitation, à l'hospice des Enfants assistés, à Marie-Thérèse, la construction de maisons à bon marché, en bordure sur le boulevard d'Enfer dont le prolongement jusqu'à l'angle du boulevard Saint-Germain et de la rue du Bac en fera certainement l'une des voies les plus belles de la capitale.

Il est très regrettable que le boulevard d'Enfer soit, dans presque tout son parcours de chaque côté, bordé de grands et interminables murs qui provoquent la solitude le soir, et à une heure plus avancée de fâcheuses rencontres.

Il serait utile, je crois, de laisser 40 mètres de largeur au boulevard d'Enfer, en supprimant la voie qui longe le mur du cimetière, et d'y construire à la place des maisons à bon marché pour y loger les ouvriers, les petits employés ; cela donnerait de la vie à cette partie si déserte du quartier Montparnasse.

Vous avez constaté les progrès que je voudrais voir faire à l'administration au point de vue de la circulation ; il y a aussi cette grande question d'hygiène, que le cimetière Montparnasse, au milieu d'une population aussi grande, soulève à juste titre à l'époque des grandes chaleurs et en temps d'épidémie. Mais je me tais volontiers sur cette question d'hygiène des cimetières à laquelle d'autres plus compétents que moi ont seuls le droit de toucher. Il ne saurait en être de même de la question des zones de servitudes des cimetières.

Le décret du 7 mars 1808 dit :

Article premier. — Nul ne pourra, sans autorisation, élever aucune habitation, ni creuser aucun puits, à moins de 100 mètres, des nouveaux cimetières transférés hors des communes en vertu des lois et règlements.

Art. 2. — Les bâtiments existants ne pourront être restaurés ni augmentés sans autorisation, les puits pourront, après visite contradictoire d'experts, être comblés en vertu d'ordonnance du préfet du département, sur la demande de la police locale.

L'art. 2 de ce décret n'est que la reproduction de l'édit de décembre 1607 sur les maisons en saillie, les alignements des voies publiques.

Ainsi, pour l'établissement d'un cimetière, on aura, conformément aux prescriptions de la loi du 3 mai 1841, loi d'expropriation pour cause d'utilité publique, indemnisé préalablement le ou les propriétaires dont on prendra le terrain, ce qui n'est que justice; mais pour ceux que la création du nouveau cimetière aura placés bon gré mal gré dans la nouvelle zone ainsi créée de 100 mètres, on aura, sans aucune indemnité, grevé leurs immeubles d'une servitude gratuite. Ils ne pourront ni réparer, ni construire, ni enfin jouir de leur bien : voilà qui me semble abusif au premier chef, pour ne pas dire odieux.

Il est certain que le décret organique du 7 mars 1808, les lois du 10 juillet 1791, du 17 juillet 1819 et 3 avril 1841, devront être rapportés ou modifiés dans le sens que je viens de dire.

Le cimetière du Montparnasse, qui s'est trouvé agrandi jusqu'à la place Denfert-Rochereau et boulevard d'Enfer, immobilise ainsi tout d'un coup le droit de jouissance des propriétaires en bordure de la rue du Champ-d'Asile entre les rues Roger, Boulard et la place Denfert-Rochereau, sans indemnité de la part de la ville. « Dans toute cette partie de la rue du Champ-d'Asile, il n'y a que des masures et des baraques en planches, ainsi que les terrains non clos de l'Assistance. »

Si l'expropriation à 100 mètres des cimetières avait lieu, les terrains pourraient être revendus par la ville, avec obligation pour les acquéreurs de construire des maisons dont le prix des logements ne pourrait excéder *trois cents francs;* de cette manière, la question ouvrière des logements à bon marché aurait un commencement d'exécution sans frais onéreux pour la ville, puisque la vente du terrain payerait les frais d'expropriation.

Il est donc absolument nécessaire que le nouveau Conseil municipal et le nouveau Conseil général demandent sous forme de vœu ou autrement pour les cimetières enfermés dans nos murs, leur transformation radicale, par des voies carrossables, ouvertes de jour et de nuit à la circulation; et aussi l'abrogation du décret organique du 7 mars 1808, qui se ressent trop des procédés dictatoriaux de l'Empire.

Il y a d'autres questions qui intéressent notre arrondissement au plus haut degré au point de vue de l'hygiène, de la salubrité, de la viabilité, et du logement des ouvriers et employés.

1° Dans le quartier du Petit Montrouge.

Le déplacement de la gare de Sceaux qui, sans frais pour le chemin de fer d'Orléans, pourrait être portée où se trouve la gare des marchandises, près du réservoir de Montsouris; ce qui permettrait de construire en bordure de l'avenue de Montsouris. La construction de maisons en bordure de ladite avenue sur les terrains de Larochefoucault.

La démolition de la caserne des gardes municipaux, l'agrandissement de l'école du boulevard Arago en prenant le terrain qui y touche et qui appartient à la ville, qui n'en fait qu'un dépôt de voitures et de pavés. La question urgente et d'une utilité absolue de la diminution du prix de l'eau qui ne devrait pas être payée plus de 10 centimes le mètre cube. Il n'y aurait pas procès, puisque c'est la ville de Paris qui est propriétaire.

La question de la vente des immeubles et terrains appartenant à l'Assistance publique, terrains qui ne lui rapportent que très peu, ce qui oblige la ville à lui faire une subvention énorme. Ces terrains étant vendus avec obligation aux acquéreurs de construire des maisons dont les loyers n'excèderaient pas *trois cents francs*. De cette manière la question des logements à bon marché serait vite résolue. Les travailleurs de la capitale ne seraient plus obligés d'habiter dans des logements insalubres, comme il y en a trop à Paris, ou d'aller demeurer dans les communes suburbaines, ce qui leur occasionne beaucoup de perte de temps et de frais assez grands comme déplacement.

Nous avons aussi cette question qui passionne le commerce des vins en général dans toute la France comme à Paris : je veux parler du Laboratoire municipal dont les publications et les erreurs font un tort considérable à ce commerce dont nous devons le monopole presque exclusif dans le monde entier, à notre précieuse vigne qui est le plus beau fleuron de notre couronne agricole.

On ne se doute guère du mal qu'a fait à notre commerce de vins, en France et à l'étranger, la publication maladroite des bulletins du laboratoire municipal de Paris. C'est donc une institution qu'il faut reviser dans un sens plus utile aux intérêts, aussi bien du consommateur que du débitant trop souvent rendu responsable des délits auxquels il est complètement étranger, ou de la précipitation apportée dans les analyses du Laboratoire.

Je ne puis traiter ces questions longuement, quoique les ayant étudiées à fond, le cadre de ma brochure étant trop petit.

Mais si vous me faites l'honneur de me confier le mandat de vous représenter au Conseil municipal de Paris pour le quartier du Montparnasse, soyez certains que, tout en tenant haut et ferme le drapeau de la République radicale, je m'occuperai principalement des questions administratives de la ville de Paris en général et du XIVe arrondissement en particulier.

Quoi qu'il arrive, cependant, j'aurai du moins la satisfaction intime d'avoir fait mon devoir en essayant d'étudier avec vous quelques-unes des questions municipales locales et générales résumées dans cette brochure.

Votre vote, mes chers Concitoyens, me dira si j'ai tort ou raison de croire que vous êtes fatigués de ces candidatures exotiques trop pleines de promesses pendant la période électorale et trop suivies de désertions, d'abandon et d'oubli quand le suffrage universel a dit son dernier mot.

J'habite votre quartier, 14, avenue de l'Observatoire. Vous pouvez donc facilement communiquer avec moi.

Si vous m'honorez de vos suffrages, je serai toujours sur la brèche pour la défense de vos intérêts et de vos besoins les plus urgents.

Comptez sur moi !

Vive la République !

Edmond **POUTHIER**,

Candidat.

14, avenue de l'Observatoire,
Quartier du Montparnasse, Paris.

Paris — Imprimerie Tolmer et Cie, 3, rue Madame